Guía Práctica para

TikTok

TRIUNFAR EN

COMUNICA -- IMPACTA

·

JAVIER VIEIRA

Política de Copyright

JAVIER VIEIRA

CONTENIDOS

SUPER BONUS

Mensajes que Venden al instante

Copy Máximo en TikTok:

Estrategias para Vender en Segundos

Descubre el secreto mejor guardado para vender masivamente en TikTok con mensajes persuasivos que capturan y convierten al instante. ¡Domina el arte del copy en la plataforma más dinámica del momento!

Javier Vieira ▶ --4

Domina el Copy Persuasivo en TikTok: Estrategias que Convierten en Segundos

P--1

¡¡Gracias por acompañarme en este viaje! Soy Javier Vieira, experto en marketing, y quiero enseñarte con toda mi fuerza y empeño todo lo que necesitas saber para convertirte en un **experto en ventas.**
Te aseguro que, si aprendes estos secretos, todo será diferente para ti.
¡Prepárate para transformar tu futuro!
Este libro es una guía única, llena de estrategias probadas y consejos prácticos que te abrirán las puertas al éxito. Estoy emocionado de compartir contigo estos conocimientos y ver cómo tus ventas se disparan. ¡Vamos a lograrlo juntos!

PASOS WOW PARA VENDER en TikTok

1. Dominar el producto: ------------

 Para tener éxito en ventas, es crucial conocer muy bien lo que vas a vender, ya sea un producto, servicio, curso, fotografía o libro.

Puedes vender lo que quieras, pero debes conocerlo a fondo.

Habla de forma precisa, amena y bien definida, demostrando un conocimiento perfecto de lo que ofreces. Este conocimiento te permitirá conectar mejor con tu audiencia y transmitir confianza y seguridad en cada mensaje.

demuestra un conocimiento profundo de tu oferta.

No olvides **destacar los beneficios**: explica cómo tu producto mejorará la vida de tus clientes, resolverá sus problemas o cumplirá sus sueños.

Es fundamental mostrar la transformación que lograrán al adquirir tu producto. Al comunicar estos beneficios de manera clara y efectiva, conectarás mejor con tu audiencia y transmitirás la confianza necesaria para convertir tus mensajes en ventas.

Descubre el Poder de tu Mensaje: Cómo Conectar con los Deseos y Miedos de tu Cliente Ideal para Vender Más

Para que tus clientes comprendan los beneficios de tu producto o servicio:

- *Mensaje claro y directo:* Explica de manera sencilla y precisa qué es lo que ofreces.

- *Beneficios específicos:* Detalla cómo tu producto mejorará sus vidas o negocios.

- *Transformación tangible:* Describe la transformación que experimentarán al utilizar tu producto.

- *Conexión emocional:* Asegúrate de que tu mensaje resuene con sus necesidades y deseos.

Al seguir estos pasos, tus clientes entenderán claramente qué lograrán y cómo tu oferta les ayudará a alcanzar sus objetivos.

HORA DE TRABAJAR

Transforma Conocimiento en Impacto: El Poder de un Mensaje que Conecta

Aprende a Identificar y Abordar las Necesidades de tu Audiencia con Estrategias de Mensajería que Impactan

Mi producto

- ¿Qué sabes sobre tu producto?

_____

_____

_____

_____

- ¿Qué características y beneficios específicos ofrece tu producto?

_____

_____

_____

_____

- ¿En qué se diferencia de la competencia?

- ¿Qué problema soluciona o qué necesidad satisface?

Mi cliente Ideal

- ¿Quién es tu cliente ideal?

_____

_____

_____

_____

- ¿Cuáles son las características demográficas de tu cliente ideal (edad, género, ubicación, ocupación, etc.)?

_____

_____

_____

_____

- ¿Qué comportamientos o hábitos tiene tu cliente?

_____

_____

_____

_____

- ¿Cuáles son los intereses y valores de tu cliente?

_____

_____

_____

_____

Miedos y temores del cliente

- ¿Cuáles son los miedos y temores de tu cliente?

_____

_____

_____

_____

- ¿Qué preocupaciones o dudas podría tener tu cliente acerca de tu producto?

_____

_____

_____

_____

- ¿Qué barreras pueden impedir que tu cliente realice la compra?

_____

_____

_____

_____

- ¿Cómo puede tu producto ayudar a aliviar estos miedos?

_____

_____

_____

_____

- ¿Cómo puede tu producto ayudar a aliviar estos miedos?

_____

_____

_____

_____

Anhelos y Metas de mi cliente

- ¿Cuáles son los anhelos y metas de tu cliente?

_____

_____

_____

_____

- ¿Cómo puede tu producto ayudar a tu cliente a alcanzar sus metas?

_____

_____

_____

_____

- ¿Qué resultados positivos espera tu cliente al usar tu producto?

_____

_____

_____

_____

"Transforma Conocimiento en Impacto: El Poder de un Mensaje que Conecta"

Una vez que hayas desarrollado estas preguntas, estarás lista para comenzar a crear tu video. Este proceso no tiene por qué ser complicado; de hecho, puede ser muy dinámico y hasta divertido. Lo primero que debes hacer es estructurar tu contenido de manera clara y concisa. A continuación, te guiaré paso a paso para que construyamos juntas un mensaje que capte la atención de tu audiencia y transmita de manera efectiva el valor de tu producto.

Querida amiga, este es tu momento. Has dedicado tiempo y esfuerzo a conocer a fondo tu producto y a entender profundamente a tu cliente. Ahora es el momento de transformar ese conocimiento en un mensaje poderoso que resuene y conecte con tu audiencia. Imagina el impacto que puedes tener: cada palabra que elijas, cada idea que compartas, será una chispa de inspiración para quienes te escuchan.

No tengas miedo de dar el primer paso. La claridad y la pasión con la que hables serán tus mejores aliadas. Cada desafío que enfrentes es una oportunidad para aprender y crecer. Respira profundo, confía en tu preparación y deja que tu autenticidad brille. El éxito está a tu alcance y todo comienza aquí, ahora. Recuerda, eres capaz de lograr lo que te propongas. La confianza y el poder que llevas dentro son inigualables. Este es tu momento de brillar, de mostrar al mundo lo que tienes para ofrecer. Juntas, podemos hacer realidad tus sueños. ¡Vamos a hacerlo!

**Confía en tu poder interior
y alcanza todas tus metas soñadas**

Domina TikTok con mensajes claros, ¡vende masivamente!"

Vamos a hacer lo siguiente: primero, te enseñaré cómo crear un mensaje persuasivo para tu video.

Te voy a convertir en una experta en técnicas nunca antes reveladas que te permitirán alcanzar tus más grandes metas financieras por medio de mensajes persuasivos.

Imagina la posibilidad de transformar tu vida y tu negocio con cada palabra que dices, cada mensaje que envías. ¡Este es tu momento de brillar!

Prepárate para vender masivamente y transformar tu negocio como nunca antes. Estas estrategias no son solo consejos, son armas poderosas que, cuando se utilizan correctamente, pueden llevarte a niveles de éxito que jamás imaginaste.

TIKTOK Ventas Irresistibles
GANCHO

"Descubre el secreto detrás de los mensajes persuasivos que generan miles de ventas." (gancho)

¿Qué es un Gancho y Cómo Crear uno para TikTok?

Un gancho es una técnica crucial en la creación de mensajes persuasivos. Es la primera parte de tu mensaje y tiene la función de captar la atención de tu audiencia de inmediato.

Piensa en el gancho como en la carnada que atrae a los peces: si es lo suficientemente interesante, lograrás que tu audiencia se quede a escuchar el resto de tu mensaje.

¿Cómo Crear un Gancho Efectivo?

Sé Directo y Claro: En TikTok, tienes solo unos segundos para captar la atención.

Comienza con una declaración fuerte o una pregunta intrigante.

Por ejemplo, "¿Sabías que puedes duplicar tus ventas con un simple truco?".

Genera Curiosidad: Haz que tu audiencia quiera saber más. Utiliza frases que despierten su interés y los inviten a seguir viendo. Ejemplo: "Lo que estoy a punto de revelar cambiará tu forma de vender para siempre."

Promete un Beneficio: Asegúrate de que tu gancho promete un beneficio claro y tangible. Por ejemplo, "Aprende a captar la atención de tus clientes en segundos y aumenta tus ventas hoy mismo."
Ejemplos de Ganchos para Diferentes Sectores

Ventas de Fotografía Digital
"¿Quieres saber cómo vender tus fotos digitales como pan caliente?"
"Descubre el secreto detrás de las fotos que se venden por miles."

"¡No vas a creer lo fácil que es vender tus fotografías en línea y ganar dinero!"

Venta de Productos de Belleza

"¿Sabías que este producto de belleza puede transformar tu piel en solo una semana?"

"Descubre cómo puedes lucir radiante con estos simples pasos."

"¡No te pierdas el secreto mejor guardado para una piel perfecta!"

Preguntas para Vender Terapias Alternativas

"¿Te gustaría descubrir una terapia que puede cambiar tu vida?"

"Aprende cómo estas técnicas alternativas pueden mejorar tu bienestar."

"¡No creerás los beneficios de esta terapia hasta que lo pruebes!"

Ejemplos de ganchos que puedes utilizar

Fotografía Digital con Inteligencia Artificial

- "¡Descubre cómo vender fotografía digital creada con inteligencia artificial!"

- "¡Aprende a usar IA para crear fotos impresionantes y venderlas en línea!"

- "¡Transforma tu creatividad en ingresos con la fotografía digital y la IA!"

- "¡Domina las técnicas de IA para generar y vender imágenes impactantes!"

- "¡Gana dinero desde casa vendiendo tus fotos digitales hechas con inteligencia artificial!"

Salud y Bienestar

- "¡Logra tu mejor versión con nuestros consejos de salud y bienestar!"

- "¡Descubre rutinas de ejercicio que realmente funcionan!"

- "¡Transforma tu vida con una alimentación saludable!"

- "¡Encuentra la paz interior con nuestras técnicas de meditación!"

- "¡Mejora tu bienestar emocional con estos simples pasos!"

UN GANCHO ES UNA ESTRATEGIA QUE SI EL CLIENTE LO CAPTA, VE TODO EL VIDEO

Finanzas Personales

- ¡Ahorra más dinero con estos consejos financieros inteligentes!

- "¡Aprende a invertir y haz crecer tu patrimonio!"

- "¡Sal de deudas más rápido con estas estrategias!"

- "¡Planifica tu futuro financiero con nuestros expertos!"

- "¡Domina el arte del presupuesto y toma el control de tus finanzas!"

UN GANCHO GARANTIZA LA FIDELIZACION DEL CLIENTE

Desarrollo Personal

- ¡Desbloquea tu potencial con técnicas de desarrollo personal!

- ¡Transforma tu vida con hábitos positivos diarios!

- ¡Aprende cómo establecer y alcanzar tus metas!

- ¡Descubre el poder de la mentalidad positiva!

- "¡Mejora tu confianza y autoimagen con estos consejos!"

EL GANCHO ES TU IMAGEN DE VENTA

Emprendimiento y Negocios

- ¡Lleva tu negocio al siguiente nivel con nuestras estrategias!

- ¡Descubre cómo lanzar un emprendimiento exitoso!

- ¡Aprende a gestionar tu tiempo y ser más productivo!

- ¡Impulsa tus ventas con técnicas de marketing efectivas!

- ¡Conéctate con otros emprendedores y expande tu red de contactos!

- ¿Necesitas algún ajuste adicional o información sobre otro tema?

ES LA DIERENCIA ENTRE UN BUEN O MAL VIDEO

Dominando Ganchos para Ventas Impactantes

Hace muchos años, me encontraba en medio de una batalla interna. Siempre me había preguntado por qué vender parecía tan complicado. Veía a otros hablar de cifras millonarias, de economías perfectas, y me preguntaba: "¿Será cierto? ¿Por qué ellos pueden vender tanto y yo no tanto?". Estas preguntas rondaban mi mente constantemente, como un acertijo que necesitaba resolver.

Pasé años estudiando, investigando, tratando de encontrar la respuesta. Un día, después de mucho esfuerzo, descubrí algo revelador: todo esto es parte de un plan, un plan que podemos aprender y aplicar. Descubrí que es posible programar el cerebro de las personas, que podemos centrarnos en la fuerza interior que cada uno de nosotros tiene para empezar a generar ventas.

Pero lo más sorprendente es que todo se resume en una cosa: en cómo planteamos y decimos el mensaje.

Al principio, pensé que el secreto estaba en tener la mejor cámara, en gastar miles de dólares en equipos de alta gama. Pero, después de todo, resultó ser algo mucho más sencillo. No se trataba del equipo, sino del mensaje.

Me especialicé en crear mensajes persuasivos, aquellos que capturan la atención y no la sueltan. Y es que, después de trabajar con muchos clientes, una y otra vez escuchaba lo mismo: "Lo que dijiste al principio me atrapó por completo". O me contaban cómo alguna vez habían visto algo que, en un principio, no tenía nada que ver con lo que buscaban, pero que los hizo quedarse, seguir, compartir y, al final, comprar. Todo por un simple gancho.

Esa es la clave. Esa es la maravilla de esta técnica, una que tú también puedes poner en práctica. Y lo mejor de todo es que no necesitas una cámara cara ni miles de dólares, solo la habilidad de decir el mensaje correcto en el momento adecuado.

El contenido es la base de todo

Imagina que estás en medio de una conversación con un amigo, alguien que realmente necesita escuchar lo que tienes que decir. Has capturado su atención con un comentario intrigante, y ahora es el momento de entregar lo que realmente importa: el valor. Eso es exactamente lo que hace el contenido en un video de TikTok. Es la parte central, el corazón de tu mensaje, donde verdaderamente conectas con tu audiencia y les ofreces algo de valor.

Piensa en el contenido como el momento en que te sientas con alguien para compartir una historia importante. Comienzas pintando una imagen clara y vívida, algo que atrape su interés y lo mantenga ahí, pendiente de cada palabra. No se trata solo de hablar, se trata de contar algo que resuene, que tenga sentido para la persona que está del otro lado de la pantalla.

Ahora, imagina que estás hablando sobre un tema que dominas, algo que realmente te apasiona.

Digamos que estás enseñando a alguien cómo mejorar sus fotografías digitales. No basta con lanzar datos técnicos; debes hacer que la persona sienta que está a punto de descubrir algo transformador.

Tal vez le cuentes cómo empezaste tú mismo, cómo tus fotos no siempre eran las mejores, pero con algunos ajustes simples, pudiste mejorar drásticamente. "Recuerdo la primera vez que cambié la configuración de la cámara...

De repente, todo cobró vida. Las luces, las sombras, los colores... todo era diferente, mejor."

Mientras cuentas esto, lo haces de una manera que ellos puedan verse reflejados en tu experiencia. No estás simplemente dando instrucciones, estás llevando a tu audiencia a través de un viaje, mostrándoles que el cambio es posible, que el resultado vale la pena.

Y mientras lo haces, ofreces consejos prácticos, cosas que pueden aplicar de inmediato. "Lo que hice fue ajustar el balance de blancos y jugar con la exposición. Es increíble cómo pequeños detalles pueden hacer una gran diferencia."

El contenido en TikTok tiene que ser así: una mezcla de narrativa y enseñanza. Debes darle a tu audiencia algo que puedan usar, algo que les haga sentir que su tiempo fue bien invertido. Y a medida que avanzas, mantienes el ritmo, evitando que pierdan interés. Cada frase, cada punto, tiene que fluir hacia el siguiente, como un buen libro que no puedes dejar de leer.

Recuerda, mientras creas contenido, no estás hablando a una cámara. Estás hablando a una persona, alguien que busca respuestas, inspiración, o simplemente una conexión.

A medida que te acercas al final del video, haz un resumen rápido de lo que han aprendido. "Así que, si sigues estos simples pasos, verás cómo tus fotos cobrarán vida. Inténtalo, te sorprenderá lo que puedes lograr."

Este es el poder del contenido en TikTok: no es solo información, es una experiencia, una historia que conecta, enseña y, sobre todo, agrega valor a la vida de quien la escucha. Cuando logras hacer esto, has dominado el arte del contenido en TikTok.

Empezo a Cambiar todo
con esta Estrategia

Mi aventura en TikTok comenzó con entusiasmo, pero pronto se convirtió en una fuente de frustración. A pesar de mis mejores esfuerzos, mis videos apenas alcanzaban entre 200 y 500 visualizaciones.

Este rango limitado me dejó perplejo. ¿Cómo era posible que, a pesar de utilizar todas las herramientas de inteligencia artificial y dedicar tanto tiempo a la creación de contenido, no lograra captar la atención que esperaba?

Decidí hacer un cambio drástico. Comencé a aplicar el poder del mensaje en cada video, centrándome en crear contenido que realmente conectara con mi audiencia. Modifiqué mi enfoque, pasando de tomas generales a una combinación de planos más íntimos: primeros planos, planos medios y planos completos.

Descubrí que la duración óptima de mis videos estaba entre los 35 y 50 segundos, lo suficiente para captar y mantener la atención sin perder el interés.

Al principio, el cambio fue sutil. Noté que las visualizaciones comenzaban a aumentar gradualmente, pero lo que realmente transformó mis resultados fue una nueva estrategia: dejar de depender tanto de las herramientas de inteligencia artificial y enfocarme más en la autenticidad y el manejo manual de mi contenido.

 Entendí que, para conectar realmente con mi audiencia, debía presentar un mensaje que resonara a un nivel más humano y emocional.

Fue entonces cuando me di cuenta de algo crucial: no se trata solo de crear videos técnicamente perfectos; se trata de crear contenido que se sienta real, cercano, y auténtico. Empecé a filmar con

Ya no me enfocaba en utilizar la última tecnología o en hacer ediciones elaboradas; mi enfoque estaba en ser yo mismo y en hablar directamente a mi audiencia. una posición de cámara más natural, asegurándome de que mi celular capturara la esencia de lo que quería transmitir.

El resultado fue asombroso. Mis visualizaciones comenzaron a dispararse, alcanzando niveles que nunca había imaginado.

Lo que antes eran 200 o 500 visualizaciones se convirtieron en decenas de miles. La conexión que logré establecer con mi audiencia, basada en la autenticidad y en un mensaje claro y persuasivo, transformó completamente mi experiencia en TikTok.

Estrategias de Venta Mediante Videos: Lo que Aprendí

Este punto de inflexión me enseñó varias estrategias fundamentales para vender a través de videos:

Conexión Emocional y Autenticidad: Los videos que conectan emocionalmente con la audiencia son los que tienen más impacto. La autenticidad en cada toma es clave para construir una relación con los espectadores.

Variedad en las Tomas: Alternar entre primeros planos, planos medios y planos completos mantiene el interés visual y hace que el mensaje sea más dinámico:

- Duración Óptima: Mantener los videos entre 35 y 50 segundos asegura que sean lo suficientemente largos para entregar el mensaje, pero lo suficientemente cortos para retener la atención.

- Reducción de Dependencia en IA: Aunque la inteligencia artificial puede ser útil, es importante no depender completamente de ella. La interacción humana y la autenticidad no pueden ser reemplazadas.

- Manejo Manual y Naturalidad: Filmar de manera más manual y natural, sin depender tanto de herramientas sofisticadas, puede hacer que el contenido se sienta más cercano y genuino.

De la Imitación al Impacto: Mi Viaje hacia el Éxito en TikTok

¿Por Qué Imitar Nunca Será Suficiente?

Cuando empecé en TikTok, estaba convencida de que simplemente replicando lo que funcionaba para otros, alcanzaría el éxito. Vi a muchos creadores prosperar con estrategias de modelaje y pensé: "¿Por qué no hacer lo mismo?". Pero a pesar de mis esfuerzos por ajustar esos modelos a mi estilo, mis videos apenas llegaban a las 5000 visualizaciones. Estaba atrapada en un ciclo de frustración. ¿Qué estaba haciendo mal?

El Villano Oculto: La Falta de Conexión Auténtica

El verdadero problema no era la falta de creatividad o esfuerzo, sino la desconexión emocional con mi audiencia. TikTok, con sus algoritmos que priorizan la autenticidad y la conexión real, no premia el contenido superficial.

El villano en mi historia era la dependencia de estrategias ajenas y una desconexión con lo que realmente importaba: comunicar un mensaje genuino que resonara en el corazón de las personas.

Según las políticas de TikTok, el algoritmo favorece la retención de la audiencia y la interacción genuina, no la simple repetición de contenido que ya existe tomando de (Max Frenzel).

Fue entonces cuando descubrí la técnica revelada en este libro, basada en ganchos psicológicos que captan la atención desde el primer segundo y hablan directamente al alma. Entendí que mi audiencia no estaba buscando otro creador más; estaban buscando a alguien que entendiera sus problemas y les ofreciera soluciones reales.

La Transformación: De Imitadora a Guía

La transformación comenzó cuando cambié mi enfoque. Deje de imitar y comencé a crear contenido que realmente conectara. Opté por una comunicación más directa y visual, utilizando planos que captaran la esencia de mi mensaje y manteniendo los videos entre 35 y 50 segundos, lo que según las políticas de TikTok es ideal para maximizar la retención de audiencia (Marketing Insider Group).

Ya no dependía tanto de la inteligencia artificial; en su lugar, me centré en la autenticidad y en cómo cada mensaje podía ser una guía para mi audiencia.

Este cambio no solo aumentó mis visualizaciones de manera exponencial, sino que me permitió construir una comunidad fiel y comprometida.

Un Nuevo Comienzo

Este viaje me enseñó que el éxito en TikTok no se trata solo de seguir tendencias, sino de establecer una conexión genuina con tu audiencia. Cuando te posicionas como una guía, no como un simple creador, ofreces algo invaluable: la sensación de que a alguien realmente le importa lo que necesitan. Mis videos dejaron de ser una repetición de lo que otros hacían y se convirtieron en una herramienta poderosa para transformar vidas.

Un Nuevo Comienzo

Un regalo para ti En esta clase aprenderé lo que necesito

Si sientes que tus esfuerzos en TikTok no están dando los frutos que esperas, te invito a unirte a mi próxima clase exclusiva. Escanea el código QR a continuación y únete a nuestra comunidad donde aprenderás cómo transformar tu presencia en TikTok y conectar de manera auténtica con tu audiencia.

¡Nos vemos en la clase!

ESCANEAME

La Transformación de Susana Palacios: De la Frustración al Éxito en TikTok

Soy Susana Palacios, y quiero compartir con ustedes una historia que me cambió la vida. Durante años, estuve atrapada en un ciclo de frustración con mi negocio. Tenía un producto de belleza excepcional, una proveedora de confianza y un deseo ardiente de tener éxito. Pero, a pesar de todos mis esfuerzos, no lograba conectar con mi audiencia en TikTok.

El Caos de los Consejos Contradictorios Recuerdo claramente esos días llenos de dudas. Todo el mundo me daba consejos diferentes: algunos decían que necesitaba hacer videos más cortos, otros que debía invertir en anuncios, y algunos más que simplemente debía ser más constante. Pero nada de eso funcionaba. Mi contenido no resonaba con la gente, y cada vez que subía un video, sentía que mi audiencia se alejaba en lugar de acercarse.

Intenté de todo. Hablaba con mis compañeras que vendían productos similares y, aunque ellas parecían tener éxito, mis ventas no mejoraban.

Fui de puerta en puerta, promocionando mi producto en persona, pero sabía que no estaba aprovechando el potencial de las redes sociales. Veía cómo otras lograban monetizar sus cuentas de TikTok, incluso vendiendo los mismos productos que yo, y me preguntaba qué estaba haciendo mal. El Descubrimiento que Cambió Todo Fue entonces cuando me crucé con algo que parecía mágico.

Estaba a punto de rendirme, cuando escaneé un código QR que me llevó a algo que nunca imaginé: un curso dividido en cinco episodios de podcast sobre cómo escalar tu cuenta de TikTok, monetizarla y alcanzar a miles de suscriptores usando mensajes persuasivos y técnicas que nunca antes había visto.

Decidí darle una última oportunidad y comencé a escuchar esos episodios. Cada uno estaba lleno de estrategias claras, prácticas y aplicables. No solo me enseñaron a cómo conectar realmente con mi audiencia, sino también a cómo transformar mi cuenta en una herramienta poderosa para generar ingresos.

De la Frustración a la Realización A medida que aplicaba lo que aprendía en el curso, comencé a ver cambios. Mis videos empezaron a atraer más visualizaciones, la gente interactuaba más, y lo mejor de todo, ¡mis ventas finalmente comenzaron a despegar! Por primera vez, sentí que estaba en control de mi negocio y que podía escalarlo a donde siempre había soñado.

Este curso no solo me enseñó a manejar TikTok de manera profesional, sino que también me dio las herramientas para convertirme en la dueña de mi propio éxito.

Ahora, miro hacia atrás y veo cuánto he crecido, y no puedo evitar sentir una profunda gratitud por haber tomado ese primer paso.

Tu Oportunidad de Transformación Si te identificas con mi historia, si sientes que has intentado de todo sin ver resultados, te invito a que no te rindas.

Escanea el código QR que aparece aquí y accede a este curso transformador sin costo especial para ti por haber comprado este libro.

Es tu oportunidad para aprender, de forma profesional y detallada, cómo llevar tu cuenta de TikTok al siguiente nivel, monetizarla y alcanzar a miles de seguidores que estarán ansiosos por lo que tienes que ofrecer.

ESCUCHA ESTE PODCAST DE
FORMA GRATUITA

No esperes más. La solución que estás buscando está a un solo escaneo de distancia. Transforma tu cuenta de TikTok y alcanza el éxito que siempre has deseado. ¡Nos vemos en el curso!

Este libro que ha llegado a tus manos es un tesoro que debes apreciar. Recuerda que aquí, en estas páginas, encontrarás códigos QR que te abrirán las puertas a un conocimiento valioso.

Podrás acceder a una clase diseñada para darte las herramientas necesarias para alcanzar tus metas de crecimiento en TikTok.

Hay dos códigos QR que debes escanear: uno para la clase fundamental y otro para un podcast que enriquecerá tu aprendizaje.

Podcast clase

Grupo de aprendizaje

Epílogo de Gratitud

Gracias por acompañarme en este viaje, un camino que no es solo mío, sino nuestro. A lo largo de estas páginas, he compartido contigo no solo estrategias y conocimientos, sino también una parte de mi historia, mis aprendizajes y mis sueños. Ahora, el destino está en tus manos. Tienes la oportunidad de tomar las riendas y dirigirlo hacia tus más grandes metas.

Este libro es solo el comienzo. Continuarás tu aprendizaje con la clase de podcast y el grupo maestro de aprendizaje, donde profundizaremos juntos en los secretos para triunfar en TikTok. Es un honor para mí ser parte de tu proceso y verte crecer a lo largo del camino.

Quisiera reunirme contigo en este proceso, verte avanzar, superar obstáculos y alcanzar el éxito que te mereces. Estoy aquí, esperando, listo para apoyarte en cada paso del camino.

Gracias por confiar en mí y por permitirme ser parte de tu transformación. El viaje apenas comienza, y estoy seguro de que lo que viene será extraordinario.

¡Te espero en nuestra próxima clase!